RÉFLEXIONS ET AVIS

SUR

L'ÉTAT POLITIQUE ET FINANCIER

DE

LA FRANCE.

Le suffrage universel n'est pas une conséquence obligée du gouvernement républicain, qui doit, au contraire, en bonne justice et dans l'intérêt de sa conservation, restreindre le droit d'élection à ceux qui concourent aux charges de l'État, mais bien du prélèvement des octrois et de l'impôt sur les boissons qui frappent indistinctement et sans aucune mesure de la valeur de l'objet imposé, toutes les classes de la Société, jeunes et vieux, valides et impotents, pauvres et riches ; et, chose bizarre ! l'abolition de ces droits sera, néanmoins, une des conséquences du suffrage universel.

---

17 MAI 1849.

BORDEAUX,

IMPRIMERIE DE RAGOT, RUE DE LA BOURSE, 11.

RÉFLEXIONS ET AVIS

SUR

L'ÉTAT POLITIQUE ET FINANCIER

DE

LA FRANCE.

> C'est par la voie des emprunts plutôt que par celle des contributions additionnelles qu'il convient de pourvoir à l'insuffisance momentanée des produits ordinaires du budget, afin de secourir ainsi les jours difficiles par des anticipations demandées à des temps plus prospères.
> *Système financier de la France* par
> M. D'AUDIFFRET.

Etat Politique.

La France est à l'heure présente, selon le vœu national, constituée en République MODÉRÉE, c'est-à-dire, *protectrice éclairée de la Religion, — de la Famille, — de la Propriété, — de l'homme laborieux, utile à la Société.*

Le Pouvoir qui la dirige fait précéder tous ses actes de ces mots sympathiques : *Liberté, — Égalité, — Fraternité.*

Etat Financier.

Les dépenses, suivant le budget rectifié de 1848, s'élèveront, en 1849, à environ 1,770 millions et les recettes ne seront peut-être pas de 1,300 millions.

Une appréciation exacte de toutes choses ne permet pas d'espérer qu'en moins de deux années le Gouvernement puisse, malgré le savoir et le dévouement des hommes qui le composent, harmoniser tous les services publics avec l'esprit de la Constitution, modifier radicalement les impôts et réduire les dépenses au chiffre des recettes.

Pendant ce temps, la France aura donc un déficit annuel de près de 500 millions, qu'elle devra nécessairement combler ou par un emprunt, ou par une nouvelle émission de rentes; et, s'il plaît à la Providence, le 1.er Janvier 1851, nous entrerons en campagne avec une dette inscrite, augmentée, il est vrai, d'au moins un milliard, mais avec une organisation administrative et un revenu public, qui permettront de subvenir à la fois à toutes les dépenses et à la création d'un nouveau fonds d'amortissement.

Telle est, en peu de mots, la situation politique et financière du Pays ; situation bien connue, bien comprise de chacun ; aussi avons-nous une entière confiance en ce que les masses, qui apprécient parfaitement bien aujourd'hui qu'elles n'ont rien à gagner dans le bouleversement des états, attendront patiemment le résultat des deux années d'étude, d'expérience et d'améliorations successives que nous jugeons être nécessaires au Gouvernement pour raffermir nos institutions et assurer, s'il est possible, le bien-être de tous.

C'est donc au Pouvoir, qui a dans ses mains les documents statistiques au moyen desquels peuvent seulement être résolues les questions d'économie politique, administrative et financière, à préparer les délibérations qui faciliteront à l'Assemblée législative la possibilité d'assurer l'ordre social, au mieux des intérêts généraux du Pays.

Mais, quelles que soient à cet égard la haute sagacité du Gouvernement et la confiance qu'il inspire, nous pensons qu'il ne repoussera ni les conseils, ni les avis loyalement présentés ; qu'il ne dédaignera ni un jet de lumière, ni un avertissement qui pourraient l'aider dans l'accomplissement de son œuvre méritoire.

Qu'il nous soit alors permis d'entrer dans cette voie, avec l'espoir que, jugé beaucoup plus sur nos intentions que sur nos œuvres, on ne nous refusera pas au moins d'avoir, en cette circonstance, fait acte de civisme.

Posons d'abord quelques principes politiques, financiers et administratifs, dont nos propositions devront nécessairement être la conséquence.

Les esprits judicieux établissent en fait que la gloire et la prospérité d'une nation ne résultent point de la forme de son Gouvernement, mais seulement du respect de chacun, du Pouvoir comme des Citoyens, aux institutions qui régissent le Pays.

Ainsi, que le Gouvernement d'une nation soit dirigé par un seul homme, c'est-à-dire *absolu*, ou qu'il soit conduit au nom de tous, c'est-à-dire *républicain*, si ce gouvernement marche constamment en vue de l'intérêt général, le Peuple, heureux de sa situation, ferme l'oreille aux conseils subversifs et l'ordre social n'est point ébranlé; tandis que, si le Gouvernement donne lui-même l'exemple de son mépris pour la loi écrite, de son indifférence pour la gloire du Pays et le bonheur du Peuple, les fauteurs de troubles exercent dans ce cas, sur les masses, la plus grande influence et déterminent les bouleversements politiques.

A cette époque de civilisation, il n'y a donc de gouvernement durable, que celui qui offre constamment l'exemple du respect à la foi jurée et de son amour pour la grandeur et la prospérité de la Patrie.

———

Deux choses de premier ordre peuvent seulement amener ce résultat :

Une administration intérieure du Pays, toujours prompte dans ses moyens d'exécution, à la fois juste, ferme et paternelle.

Une répartition équitable de l'impôt et un bon emploi des finances.

———

Arrivés à ce point, nous croyons avoir déjà démontré que le Gouvernement sorti de la Révolution de Février a, en lui, des éléments de durée, mais serait inévitablement renversé si son administration, par de sages et prudentes économies, ne tenait pas ses dépenses au niveau de ses recettes;

moyen unique et infaillible d'asseoir le crédit et de faire progresser ce qui peut seulement assurer la fortune publique et le bien-être général, l'agriculture, l'industrie et le commerce.

Mais, comment parvenir à équilibrer un budget qui présentera un déficit de près de 500 millions ?

Ce ne peut être, nous venons de le dire :

Que par une administration moins compliquée dans ses rouages ;

Que par de prodigieuses économies ;

Que par une nouvelle assiette de l'impôt.

Nous allons examiner successivement ces trois questions ; puissions-nous les résoudre d'une manière satisfaisante.

De l'Administration.

Le système administratif d'une nation est subordonné à sa constitution et à la nature des impôts par lesquels elle pourvoit à ses dépenses.

L'expérience a appris, dans ces derniers temps, que les monarchies *constitutionnelles* ne pouvaient prolonger leur conservation que par la plus grande influence possible des agents du gouvernement sur le corps électoral.

Cette considération les a conduites à créer, chaque jour, des sinécures et des charges nouvelles, pour augmenter le nombre de leurs préposés et leur autorité sur les élections.

L'impôt direct se fût prêté trop difficilement, on le conçoit, aux exigences de cette situation embarrassante, alors que le chiffre de cet impôt s'accroissait chaque jour *des votes exorbitants et intempestifs des départements et des communes.*

Ces monarchies furent ainsi forcément conduites à manquer à la promesse, qu'elles avaient solennellement faite à leur avènement, de supprimer les impôts impopulaires. Elles maintinrent donc les octrois et les droits réunis, sous la dénomination d'impôts indirects qu'elles étendirent à leurs plus extrêmes limites; aussi ces impôts sont-ils devenus une des causes principales de leur chûte, comme ils le furent en grande partie de celle du régime impérial, parce que, reposant généralement sur les choses de première nécessité, leur perception en est à la fois dispendieuse pour l'État, ruineuse pour le producteur, blessante pour le consommateur et ne cesse pas un seul instant, par ces motifs, d'aliéner les Citoyens au Gouvernement établi.

Mais, avec le suffrage universel, l'influence des fonctionnaires publics sur les élections est incontestablement sans aucune importance quelconque.

Cette considération politique, si grave sous les monarchies constitutionnelles, n'a donc maintenant aucune portée et ne doit plus arrêter le Gouvernement dans la voie des réformes que lui commandent sa position financière et sa propre conservation, principalement basée sur les sympathies publiques.

Il doit, en conséquence, s'attacher à simplifier

les formes administratives, à les dégager des obstacles qui gênent les transactions et irritent les contribuables, parce qu'ils nuisent on ne peut davantage à leurs intérêts.

Entrons donc avec persévérance et fermeté dans une voie nouvelle d'améliorations matérielles, c'est-à-dire positives ; réduisons largement les dépenses en respectant toutefois, quand il sera question des Employés de l'Etat, tous les droits acquis par leurs services à la reconnaissance du Pays, en leur accordant ou une retraite ou un changement de position parfaitement équitable, puis, soumettons bien vite l'impôt à une révision éclairée et radicale.

Mais, pour arriver sûrement à ce résultat, nous devons nécessairement nous prononcer sur le choix à faire définitivement de l'un de ces trois systèmes administratifs :

Ou DE L'AFFRANCHISSEMENT DES COMMUNES, comme le conseillent quelques novateurs.

Ou DE LA CENTRALISATION, comme l'entendait NAPOLÉON.

Ou DU MAINTIEN DE CE QUI EST, en y introduisant toutes les améliorations possibles.

Définissons donc en premier lieu, ce que nous entendons par ces deux systèmes :

L'affranchissement des Communes,

Et la Centralisation ;

Puis, ensuite, nous verrons s'il ne serait pas plus convenable de maintenir ce qui est, avec des réformes que commandent impérieusement les circonstances présentes.

De l'Affranchissement des Communes.

On entend nécessairement par ces mots : *affranchissement des communes*, que les communes auraient l'omnipotence de leur administration intérieure, au point de vue financier ; ainsi, elles seraient chargées de répartir et percevoir l'impôt foncier, personnel et mobilier et celui des patentes ; elles pourvoiraient à leurs dépenses *et subventionneraient l'État dans une proportion relative à l'exigence de ses charges.*

Et, de son côté, l'État ayant sous sa direction la religion, l'armée, la justice, l'instruction publique, les grands travaux d'utilité générale, l'entretien des monuments publics, des canaux, chemins de fer, grandes routes, routes départementales et chemins de grande et petite vicinalité, recevrait, indépendamment des subventions communales dont nous venons de parler, les revenus de ses biens; des services qu'il exploite directement; et des douanes, *éminemment protectrices des produits de l'agriculture et de l'industrie.*

Ce sytème simplifierait, il faut le reconnaître, bien des rouages et présenterait, sur le mode actuel, des améliorations vraiment remarquables, mais, le Gouvernement aurait-il, dans ce cas, sur le Pays, la part d'influence que nécessitent sa vaste étendue et sa population de 35 millions d'ames?

De la Centralisation.

Le mot Centralisation, dans l'acception gouvernementale, n'a pas besoin de commentaire; il n'est personne qui ne comprenne qu'avec ce système le Gouvernement aurait à sa disposition, sans aucune exception, toutes les ressources de l'État et subviendrait directement lui-même à toutes les dépenses.

Ainsi disparaîtrait cette classification de Budget de l'État, Budget départemental, Budget communal; il n'y aurait plus qu'un seul budget : le Budget général de l'État.

Toute propriété appartenant, soit aux départements, soit aux communes, soit aux hospices et aux établissements de bienfaisance, deviendrait propriété de l'État, et, de son côté, l'État pourvoirait à tous les services.

Chaque commune, chaque ville jouirait d'une allocation annuelle dont elle aurait l'entière administration. Le boni sur les dépenses au 31 Décembre profiterait à l'État, et le 1.er Janvier, une allocation nouvelle pourvoirait aux dépenses de l'année courante.

Les Conseils d'arrondissement et départementaux appuieraient, de leur influence près de l'État, les réclamations des communes, et les Préfets et Sous-Préfets auraient pour mission spéciale de venir constamment en aide à l'agriculture, à l'industrie et au commerce, par tous les moyens mis à leur disposition; notamment, par le meilleur coordonnement et entretien de toutes les voies publiques, soit canaux, chemins de fer, grandes routes et chemins de grande et petite vicinalité.

Mais un changement aussi radical apporté au système financier et administratif actuel de la France, doit-il être tenté?

Du maintien de ce qui est, en y introduisant toutes les améliorations possibles.

Les deux systèmes que nous venons de développer brièvement, pourraient, aussi bien peut-être que l'état actuel des choses approprié au temps présent, répondre à ce que souhaitent tous les bons esprits, mais, ayant à nous prononcer nous-même sur le choix à faire entre eux, pour servir de base au travail que nous nous sommes imposé, nous allons exprimer notre sentiment, avec une entière indépendance.

Nos méditations, nous ne le dissimulons pas, nous porteraient à donner la préférence à la CENTRALISATION, qui mettrait dans les mains de l'État, tous les pouvoirs et toutes les ressources financières, en accordant toutefois à l'autorité locale la faculté de décider, sous l'approbation des Préfets, de toutes les questions qui n'auraient aucune influence directe sur la marche du Gouvernement, parce qu'avec ce système, rien ne nous semblerait plus devoir mettre obstacle à la grandeur et à la prospérité du Pays, si nous ne redoutions pas les inconvénients et les dangers d'une réorganisation aussi complète de la machine gouvernementale, dans un moment où l'effervescence des partis semble n'avoir plus aucune mesure.

L'AFFRANCHISSEMENT DES COMMUNES, comme nous l'avons défini, tendrait aussi à simplifier considérablement les formes administratives et placerait une ligne très-distincte de démarcation entre les intérêts généraux du Pays et les intérêts de localité proprement dite, mais alors l'unité d'action qui concourt si puissamment à la force des Nations serait détruite, et, dans les circonstances périlleuses où nous sommes, où l'ensemble est si nécessaire pour un grand déploiement d'action, cet ensemble n'existant plus, nous craindrions que les plus grandes calamités ne devinssent la conséquence inévitable de l'adoption de ce système.

Nous croyons donc être d'accord avec les hommes les plus éclairés, en exprimant le vœu que les rouages de l'administration publique, tels qu'ils sont établis aujourd'hui, soient maintenus, en leur faisant subir les réformes et les modifications que nous essaicrons d'indiquer dans le chapitre suivant.

Des Réformes administratives.

Nous abordons à présent le sujet qui exige le plus de circonspection, afin d'être toujours équitable envers les hommes et envers les choses.

S'agit-il d'économie à faire sur le traitement des agents de l'administration; il faut éviter de devenir injuste en portant atteinte à des droits acquis, en ne proportionnant plus les émoluments avec le travail.

S'agit-il de ralentir ou arrêter temporairement des travaux entrepris dans le but d'accroître le développement de l'agriculture, de l'industrie et du commerce; il faut examiner si ce mode d'économie des deniers de l'État ne serait pas funeste à l'accroissement de la fortune publique.

S'agit-il de réduire le personnel et le matériel de nos armées de terre et de mer; c'est encore une chose capitale qui ne doit être entreprise qu'avec la plus grande réserve; car, ne l'oublions jamais, si la moralité du Gouvernement peut seule le rendre respectable au-dehors et au-dedans, la prudence lui conseille néanmoins d'étayer toujours la loyauté de ses actes de l'appui irrésistible de sa force militaire.

Voudrait-on enfin, comme quelques esprits irréfléchis ont eu l'imprudence de le proposer, diminuer l'intérêt de la dette publique; ce serait une violation de contrat; le Gouvernement ne pourrait pas donner l'exemple d'un acte pareil d'improbité, sans ébranler à jamais son crédit.

Cependant, empressons-nous de le reconnaître :

En respectant les droits acquis par les Agents du Gouvernement;

En s'occupant avec activité et intelligence des travaux publics si utiles au développement de l'agriculture, de l'industrie et du commerce;

En conservant à la France une puissance militaire suffisante pour la préserver des coups de l'Étranger et des factions intérieures subversives de l'ordre social;

En donnant aux rentiers de l'État la garantie de paiement qu'ils ont légitimement le droit de demander,

Il est indispensable, dans l'état actuel de la France, de rechercher s'il ne serait pas possible de proposer des modifications et des réformes qui, faites avec mesure et sagesse, conciliassent à la fois tous les intérêts.

Nous allons nous livrer à cet examen; puissions-nous le faire avec succès.

Des Agents du Gouvernement.

Les Agents du Gouvernement sont de deux sortes ;

1.º Les Agents politiques qui se subdivisent en deux classes ;

Les Préfets et les Sous-Préfets,

Les Procureurs-généraux et leurs Substituts ;

2.º Les Agents formant l'ensemble de toutes les administrations publiques, civiles et militaires.

Nous devons, dès cet instant, nous empresser de dire que, s'il est des professions qui exigent des études spéciales et profondes, il est impossible de ne pas reconnaître que toutes les branches de l'administration publique demandent, elles aussi, sans exception, pour être bien dirigées, une instruction solide, une étude persévérante des lois et réglements judiciaires et administratifs, de la part de ceux qui se livrent à cette pénible et laborieuse carrière.

Pour que ces deux sortes d'agents répondent convenablement au vœu du Pays, il faut que les Membres du Parquet se recrutent parmi les Juges ;

Que les Préfets, Sous-Préfets et les Directeurs-généraux des administrations publiques, civiles et militaires, suivent la filière du Conseil d'État, c'est-à-dire, débutent par être Auditeurs, puis Maîtres des requêtes et enfin Conseillers d'État ;

Et que les membres subalternes de toutes les administrations publiques, après avoir été sur examen admis comme surnuméraires, puissent parvenir, successivement, au poste élevé :

De Secrétaire général, s'il s'agit d'un ministère, d'une préfecture, d'une mairie ;

De Directeur, s'il s'agit d'une administration financière.

Ces choses admises, il serait desirable qu'un membre du Conseil d'État, un membre du Parquet, un fonctionnaire administratif, ne pût être, dans aucun cas, révoqué de ses fonctions à moins de forfaiture ; que son avancement, déterminé par des vacances, eût lieu par rang d'ancienneté, et qu'enfin son admission à la retraite ne fût obligatoire qu'après 60 ans d'âge révolus.

Des considérations politiques obligeant le Gouvernement à changer un membre du Parquet, un Préfet, un Sous-Préfet, un Directeur général d'administration, le premier reprendrait sa position de

Juge et les autres celle qu'ils occupaient au Conseil d'État.

Il est aussi d'autres magistrats qui ne devraient pas non plus être soumis aux caprices du Gouvernement. Nous voulons parler des Juges-de-paix dont les fonctions conciliatrices exigent tant de qualités essentielles, et le corps des Commissaires de police dont les attributions si variées et si importantes demandent à la fois une grande activité et de grandes lumières administratives; les premiers ne devraient être pris que parmi les avocats, les avoués et les notaires, qui possèdent généralement une connaissance profonde des lois; et les seconds parmi les employés du ministère de l'Intérieur, des préfectures et des mairies, auxquels les lois judiciaires et administratives sont obligatoirement familières.

On nous pardonnera d'être entrés dans ces détails; mais nous tenions à constater, une fois pour toutes, qu'un Agent du Gouvernement ne peut et ne doit, dans aucun cas, être privé des droits et avantages que lui ont mérité ses services. Avec ce principe, malheureusement trop longtemps méconnu, parce qu'il n'a jamais été posé comme règle rigoureuse, on concevra aisément que l'Employé du Gouvernement, sûr de sa position, de son avancement et de sa retraite, se trouverait mille fois plus heureux avec un traitement modique, mais certain, que recevant des émoluments plus élevés, avec la crainte d'être ou congédié ou mis à la réforme sous un prétexte quelconque.

Ce sont ces considérations qui motivent la proposition que nous faisons d'adopter, pour traitement des agents du Gouvernement, le chiffre de 1,000 à 12,000 fr. suivant une échelle proportionnelle et complètement relative aux fonctions particulières de chacun d'eux.

Voici quelques exemples explicatifs de notre pensée :

Dans un Ministère, le Commis de 3.me classe occuperait le premier échelon avec 1,000 fr. d'appointement, le Secrétaire-général l'échelon le plus élevé avec 12,000 fr. de traitement;

Dans une Préfecture, le Commis de 3.me classe 1,000 fr., le Secrétaire général 6,000 fr.;

Dans une Direction des finances, le Commis de 3.me classe 1,000 fr., et le Directeur 6 à 8,000 fr., *sans addition de produits d'amendes, de saisies, de sondages des marchandises, qui, à présent, doublent et triplent quelquefois le traitement fixe;*

Dans une Mairie, le Commis de 3.me classe aurait 1,000 fr., et le Secrétaire-général de 3 à 5,000 fr.

Mais, suivant, à cet égard, le mode introduit par Napoléon, nous désirerions que divers fonctionnaires reçussent, indépendamment de leur traitement fixe, des frais honorables de représentation, avec obligation expresse d'en justifier l'emploi ; de ce nombre seraient :

MM. les Archevêques et Évêques, les Généraux commandant les divisions et les départements, les Chefs de corps militaires, les Préfets et Sous-Préfets, les Présidents et Procureurs généraux de Cours d'appel.

D'après ce système, le traitement d'un Préfet, par exemple, serait le même qu'il fût à Mont-de-Marsan ou à Bordeaux, mais le chiffre de ses frais de représentation varierait dans la proportion de celui de la population et de l'importance relative des deux départements des Landes et de la Gironde.

Il est aisé de saisir l'immensité des économies qui résulteraient de ces deux choses : des traitements ainsi réduits à un taux raisonnable; et, notamment, des suppressions d'emplois venant de la simplification des rouages administratifs obtenus par des pouvoirs bien plus étendus, donnés aux fonctionnaires publics, dans toutes les circonstances qui ne pourraient exercer en réalité aucune influence fâcheuse sur la marche du Gouvernement.

En terminant ce chapitre, nous sera-t-il permis d'exprimer le regret profond que la première Assemblée nationale ait assimilé le Président de la République, l'Élu de la Nation, à un agent ordinaire du Gouvernement, en lui donnant ce qu'en termes de finances on appelle des émoluments? Nous nous demandons s'il n'eût pas été bien plus digne, bien plus conforme à l'orgueil national et plus réellement utile en même temps aux intérêts du pays, que cette Assemblée eût dit simplement : Un crédit de............ est ouvert au Président de la République pour ses frais de représentation, sans autre justification d'emploi que ses bons à payer.

Ne serait-on pas disposé à croire qu'avec cette manière large de procéder, la France se fût grandie à ses propres yeux et eût ajouté à la haute considération de son Président aux regards du Pays et de l'Étranger?

Des Travaux publics.

Cette partie si importante des dépenses de l'État, à quelque objet qu'elle s'applique, ou des fleuves, rivières, canaux, chemins de fer, grandes routes, ponts-et-chaussées, ou bien de travaux d'art de toutes sortes, pour la construction et l'ornement des monuments publics, se subdivise en trois classes distinctes : *travaux d'entretien, travaux d'améliorations, travaux neufs.*

Un esprit d'ordre et d'économie doit constamment porter l'État, la pénurie des finances fût-elle grande et même pour cette cause, à pourvoir à l'entretien de ce qui est avec la plus grande vigilance.

Mais dans cet état de gêne, il est prudent de ne faire les travaux d'amélioration que dans le cas où leur exécution exercerait une influence immédiate sur la fortune publique.

Et, raisonnant toujours en vue de l'obligation de s'imposer de pénibles économies, hé bien ! en ce qui concerne les travaux neufs, sous quelque aspect qu'ils se présentent, de l'utilité, de l'embellissement, nous dirons même plus, de la gloire nationale au point de vue de l'art, nous disons hautement que leur exécution doit être rigoureusement ajournée aux temps de prospérité publique.

Une conduite différente de la part du Gouvernement donnerait la preuve d'une confiance que l'avenir pourrait bien ne pas justifier, et, dans ce cas, au lieu de remédier au mal qui nous tourmente, on pourrait au contraire l'aggraver dans des proportions telles, qu'il deviendrait incurable.

Ces quelques mots sur les travaux publics, qui figurent dans l'ensemble des budgets des divers ministères pour au moins 300 millions, prouvent suffisamment, nous le pensons, qu'il dépendra du Gouvernement et de l'Assemblée législative de réduire ce chapitre, mais seulement à dater de l'année 1851, de plus de 100 millions, en se bornant à cette époque à renvoyer à des moments plus prospères l'exécution des projets de travaux d'amélioration et de travaux neufs soumis à leur sanction.

Des Armées de Terre et de Mer.

La nécessité rigoureuse de maintenir nos armées dans l'état imposant où elles sont aujourd'hui, résulte évidemment de deux circonstances regrettables dont la raison humaine, nous en avons la conviction, fera bonne et prompte justice : L'aspect si affligeant de l'Europe tout entière, et, ce qui nous touche encore de plus près, l'esprit de vertige qui semble répandu sur les assemblées populaires de notre Pays.

Mais, ainsi que nous l'avons dit en débutant, deux années, nous l'espérons, suffiront au Gouvernemnt et à l'Assemblée législative, pour asseoir la Société en France sur des bases sages et raisonnables, où toutes les proportions seront observées; et, d'ici là, les puissances qui nous environnent parvenant, elles aussi, de leur côté, au même résultat, nous n'aurons plus, les uns et les autres, quoi que ce soit à redouter des esprits inquiets et malades qui ne voient le bonheur qu'au-delà des bouleversements politiques.

Rien alors ne s'opposera donc plus à ce que nos forces militaires qui coûtent aujourd'hui de 5 à

600 millions ne soient réduites du tiers, peut-être de moitié, et, il est évident que, sur ce chapitre seul, nous obtiendrons, en conservant religieusement les cadres, une économie incontestable de 200 à 250 millions.

Si, en terminant cette partie de notre sujet, il nous était permis d'émettre une opinion sur ce qui peut particulièrement assurer la puissance des états, nous redirions encore ce que nous avançâmes en 1843, dans un écrit sur les Finances, dont les enseignements ont été bien peu écoutés, c'est qu'un Gouvernement, *quel qu'il soit, ne puisant sa force que dans l'affection de la Nation,* doit, en conséquence, coordonner toutes les lois administratives et financières en vue d'atteindre ce but si important, pour sa propre conservation.

Et, en ce qui touche l'état moral et politique de l'armée, disons aussi qu'il doit s'occuper davantage de rechercher les moyens de fixer invariablement le soldat à son drapeau. L'honneur et la gloire l'y attachent sans doute, mais une discipline toujours bienveillante, toujours paternelle et la certitude d'une retraite proportionnelle à la durée de ses services, lui feraient bien plus chérir sa profession. Les influences fatales n'auraient, dans ce cas, aucun empire sur son esprit, car il aurait à la fois, en perspective, sa bannière et la certitude d'une récompense légitimement acquise. — Les lois et l'honneur du Pays pourraient alors définitivement compter sur son entier dévouement.

Il convient donc de tout faire pour le bien-être général; et les partis s'appaiseront; et l'Étranger sera peu redoutable, quelle que soit la réduction de notre armée, parce que, s'il advenait que la Patrie fut menacée, notre force militaire se recruterait, comme par enchantement, de la Nation tout entière!...

De la Dette publique.

Le crédit, si nécessaire aux nations dans les temps de détresse, ne s'obtient qu'en maintenant, dans les temps ordinaires, par une administration sage et prévoyante, un équilibre parfait entre les Recettes et les Dépenses.

La France est précisément à présent dans une de ces situations critiques où elle doit forcément user de son crédit, parce que ses revenus particuliers et les impôts établis sont insuffisants pour faire face à l'exigence de tous ses services.

Elle le fera avec succès, nous l'espérons, parce que la majorité de la Nation a raffermi le crédit en résistant aux conseils irréfléchis qui lui indiquaient, comme un moyen puissant d'économie, la réduction de l'intérêt de la rente.

Cette mesure inqualifiable eût été, on le sent bien maintenant, une violation des traités, une véritable spoliation; le crédit ne s'en fût probablement jamais relevé; on l'eût mis, par cette iniquité, hors d'état de faire face à l'éventualité présente et la banqueroute eût été la suite inévitable de cet acte d'immoralité financière et politique.

Il convient donc que le Gouvernement et l'Assemblée législative, en faisant connaître au plus vite, leur résolution inébranlable d'entrer dans une voie d'économie conforme à la situation financière du Pays, annoncent l'intention d'émettre une quantité suffisante de rentes, pour faire face à tous ses services et à tous ses engagements pendant 1849 et 1850.

Nous ne doutons pas que l'agitation toujours croissante dans laquelle sont les peuples qui nous entourent n'engage les capitalistes étrangers à saisir cette occasion de placer avec sûreté leur fortune dans les rentes françaises, puissamment garanties aujourd'hui par notre esprit public.

Le Gouvernement pourra ainsi appliquer avec calme les deux années qui s'ouvrent devant lui aux améliorations administratives et financières à l'aide desquelles on peut seulement arrêter le torrent des révolutions.

Nous avons résolu consciencieusement, et selon la portée de notre intelligence, la question des réformes administratives. Nous allons passer à celle des impôts.

De l'Impôt.

L'impôt direct et l'impôt indirect reposent l'un et l'autre sur la Propriété; autrement dit, c'est la la Propriété, la Propriété seule qui paie tous les impôts.

Le Foncier, les Portes et Fenêtres, le Personnel et le Mobilier, la Patente elle-même, formant les quatre contributions principales de l'Impôt direct, sont incontestablement une charge pour la Propriété.

Les droits sur les Boissons, les droits de Navigation intérieure et de Circulation de voitures publiques sur les grandes routes et les Octrois des villes sur les choses de première nécessité, comme le vin, la viande, les légumes, les farines, le bois de chauffage, reposent eux aussi, mais plus tyranniquement, sur la Propriété.

Et, n'en est-il pas de même des droits de succession, de vente, d'hypothèque, de timbre, d'enregistrement et des offices, qui la tournent et retournent en tous sens, la pressent et l'expriment de telle sorte que cette Propriété, objet incessant des attaques des novateurs modernes, est le plus souvent, en vérité, une charge plutôt qu'un avantage, pour celui qui la possède? Nous engageons les incrédules, et le Gouvernement avec eux, à consulter sur cette matière l'inestimable ouvrage de M. d'Audiffret sur les finances, tome I, page 21 et suivantes; ils acquerront la certitude complète de l'utilité absolue de réformes à faire dans nos lois fiscales, relativement aux charges de la propriété immobilière et, encore davantage, de la rigoureuse nécessité de faire disparaître à jamais les entraves qui s'opposent à l'écoulement des produits du sol et de l'industrie.

Nous nous demandons alors s'il ne serait pas plus équitable, plus logique en même temps, et plus conforme aux intérêts réels du Gouvernement et du Pays que les impôts directs et indirects et les octrois des villes se réduisissent seulement aux trois classifications dont nous donnons la désignation :

Impôt foncier ;

Impôt personnel et mobilier ;

Impôt industriel,

Puisqu'il résulterait incontestablement de l'adoption de ce mode :

Une économie de plus de 50 millions sur les frais de perception ;

Une réduction d'une somme au moins égale sur les non-valeurs en matière de contributions ;

Une liberté absolue et si vivement réclamée sous tous les régimes, des produits du sol et de l'industrie ?

Mais comment serait-il possible dans ce cas, nous dira-t-on, de subvenir aux dépenses si considérables de l'État et des villes, si le Gouvernement supprimait tous ces droits qui, dans leur ensemble, produisent une somme d'environ 200 millions ?

Nous avons répondu, en grande partie, à cette question par les deux économies que nous venons de signaler, et les explications suivantes ne laisseront aucun doute, nous l'espérons, sur la possibilité de rayer définitivement du Budget de l'État une nature de recettes si compromettante pour la popularité gouvernementale.

Les ressources financières de l'État se composent principalement :

1.° Des revenus des Domaines et Forêts; du produit de l'Enregistrement et du Timbre ; du rendement des services exploités directement par le Gouvernement, comme les

Poudres, les Postes, etc., etc.; des Douanes, avec tout ce qui est de leur ressort : droits sur les Sels, les Sucres, la Navigation, etc., etc. L'ensemble de ces produits s'élève à la somme de..F. 682,116,489

2.° De l'Impôt direct formé des quatre contributions principales : le Foncier, le Personnel, les Portes et Fenêtres et la Patente, montant à................................ 422,148,281

Et 3.° Enfin de l'Impôt indirect sur les Boissons, imaginé par un esprit d'insatiable fiscalité, comme pouvant satisfaire, par son élasticité, aux prodigalités les plus excessives. Mais le Pouvoir, qui, le premier, établit l'impôt indirect sous la dénomination de Droits réunis ne songea pas que sa perception, loin d'être facile et simple dans ses rouages comme l'impôt direct, avait un tout autre caractère et devait, dès les premiers temps et toujours, être frappé de la plus grande et de la plus dangereuse impopularité ; cet impôt produit la somme de... 88,000,000

L'ensemble de ces trois recettes, suivant le budget rectifié de 1848, inséré au *Bulletin des Lois* du 19 Décembre dernier, n° 107, s'élève donc à...............................F. 1,192,264,770
et les dépenses, déduction faite de 30 millions de non-valeurs extraordinaires et de dégrèvement sur l'impôt des 45 centimes, figurant pour...................................... 1,787,642,708

Il en résulterait donc un déficit annuel de...F.. 595,377,938

Mais M. le Ministre des Finances ayant annoncé, dans la séance de l'Assemblée nationale du 17 Mars dernier, que le découvert en 1849 ne s'élèverait probablement pas au-delà de 245 millions, par suite des économies déjà introduites dans l'administration publique et notamment d'une amélioration remarquable dans les recettes, nous devons établir nos prévisions et nos calculs sur ladite somme de..F. 245,000,000

A laquelle nous ajouterons :

1.º Pour la suppression des droits sur les Boissons qui figurent au Budget de 1848 pour... 88,000,000

2.º Pour la suppression des droits d'octroi auxquels on suppléerait par une allocation en faveur des communes de 80 millions, bien suffisante au paiement de leurs dépenses, conjointement avec les droits de plaçage qu'elles seraient autorisées à percevoir et avec les revenus de leurs biens particuliers; ci.. 80,000,000

Et 3.º Enfin l'intérêt et l'amortissement du milliard dont nous proposons d'augmenter la dette publique ; ci................................ 60,000,000

Notre déficit s'élèverait donc annuellement dans ce cas à....................................F. 473,000,000

Auquel nous ferions face, à partir de 1851, par les réductions obtenues sur les divers ministères en conséquence des réformes que nous avons signalées et par des ressources nouvelles, suivant les indications ci-après :

Réductions à opérer à partir de 1851.

Les dépenses des divers ministères figurent au Budget de 1848 pour............F. 1,102,310,697

SAVOIR :

MINISTÈRES :	Justice................F.	26,463,595	
	Affaires étrangères........	9,657,293	
	Instruction publique.....	19,070,037	
	Cultes	39,304,583	
	Agricult.e et Commerce.	25,745,417	
	Finances...............	28,058,158	148,299,083
	Intérieur................F.	151,514,502	
	Travaux publics..........	218,380,173	369,894,675
	Guerre................F.	432,254,724	
	Marine................	151,862,215	584,116,939
	SOMME ÉGALE..........F.		1,102,310,697

Nous proposons de faire sur ces divers ministères, à partir de 1851, les réductions que nous résumons par les chiffres ci-après, à moins que les revenus de l'État ne se développent davantage, et, dans ce cas, *les réductions diminueraient dans une proportion relative à cet accroissement de la fortune publique.*

Le 10.ᵉ sur les dépenses de l'ensemble des six premiers ministères..F. 15,000,000

Le 5.ᵉ sur l'Intérieur et les Travaux publics... 74,000,000

Les 2/5ᵉˢ sur le ministère de la Guerre...... 160,000,000

Le 5.ᵉ sur le ministère de la Marine.......... 30,000,000

Le 1/4 sur les frais de régie et de perception des impôts qui figurent au budget pour 159,444,020 fr.; ci.. 40,000,000

Le 1/3 sur les remboursements, restitutions de non-valeurs, portés au Budget pour 102,384,543 fr. (déduction faite de 30,000,000 de non-valeurs sur les 45 centimes), en conséquence de la suppression de l'impôt sur les Boissons et les Octrois, qui sont la cause principale de la majeure partie des non-valeurs.. 34,000,000

TOTAL DES RÉDUCTIONS...........F. 353,000,000

Augmentation de l'Impôt direct et Taxe nouvelle sur les prêts hypothécaires.

En proposant l'abolition des Octrois et des droits indirects sur les Boissons, sur la navigation intérieure et la circulation des voitures publiques, il est souverainement juste que nous demandions à la Propriété, à l'Industrie, au Capital, une partie du déficit qui résultera pour le Trésor d'une disposition à laquelle se rattachent d'ailleurs tous les intérêts matériels et politiques du Pays; en conséquence, nous proposons :

1.° Une surtaxe de 10 p. 100 sur la somme de 422,143,281 fr. à laquelle s'élèvent, selon le budget de 1848, les quatre contributions principales; ci..................F. 42,000,000

Et 2.° Une taxe de 3/4 pour 100 sur les prêts hypothécaires dont le chiffre nominal s'élevait déjà en 1840, d'après M. d'Audiffret, à plus de 11 milliards et représentait un intérêt probablement supérieur à la somme de 500 millions à laquelle cet habile financier l'évaluait, même en supposant une grande exagération dans l'appréciation des hypothèques réelles (*Système financier de la France*, pages 26 et 27); ci.............................. 78,000,000

TOTAL DES TAXES NOUVELLES.....F. 120,000,000

RÉCAPITULATION.

Total des Réductions..........F. 353,000,000
Total des Taxes nouvelles........ 120,000,000

SOMME ÉGALE AU DÉFICIT............F. 473,000,000

Conclusion.

Parvenus à ce point, nous croyons avoir rempli notre tâche, puisque nous avons démontré la nécessité absolue :

1.º De réduire *dans le délai de deux années seulement*, c'est-à-dire à partir de 1851, afin de ne pas compromettre par des mesures trop précipitées les rouages du Gouvernement, les dépenses de la somme nécessaire pour balancer le budget de l'État;

2.º De recourir à une émission de rentes assez considérable pour couvrir le déficit que présentera le budget des années 1849 et 1850;

3.º De supprimer les octrois et les droits sur la navigation intérieure, sur les voitures publiques et sur les boissons, parce que ces impôts blessent l'esprit national et portent l'atteinte la plus grave à l'agriculture, à l'industrie et au commerce;

4.º De remplacer ces droits par des économies, par une surtaxe de 10 à 11 p. 100 sur les quatre contributions principales et par une contribution sur les prêts hypothécaires.

Mais, dussions-nous fatiguer nos lecteurs, nous ne pouvons pas nous empêcher de répéter encore, qu'en ôtant aux masses tout prétexte de plainte, par l'abolition définitive des taxes qui les frappent plus particulièrement aujourd'hui, on raffermirait puissamment le Gouvernement.

N'oublions pas le passé; qu'il nous soit un enseignement utile pour l'avenir.

Bien des causes diverses ont pu déterminer la chûte de Napoléon, de Charles X, de Louis-Philippe et occasionner l'impopularité du Gouvernement provisoire et de l'Assemblée nationale, mais la plus influente de toutes ces causes est incontestablement le prélèvement d'impôts, aussi préjudiciables à la Propriété, qu'ils sont ruineux et blessants pour toutes les classes de la Société.

N'imposons donc à l'avenir la Propriété et les personnes que sur les bases de la plus équitable proportion et aux titres suivants: *Impôt foncier, Impôt personnel et mobilier, Impôt industriel.*

Accordons une entière liberté de circulation à tous les produits agricoles et manufacturiers.

Ouvrons des établissements de refuge et de bienfaisance, dans tous les chefs-lieux d'arrondissement, aux gens notoirement indigents; seul et unique moyen d'extirper la mendicité et le vagabondage, cette lèpre si vive des nations.

Faisons, s'il est possible, que le suffrage universel soit, en bonne conscience, restreint à ceux qui concourent aux charges du Pays; et, toutes ces choses advenant, soyons convaincus que la France obtiendra bien vite le calme dont elle a besoin, pour asseoir définitivement ses institutions et s'élancer vers une ère nouvelle de gloire et de prospérité.

Bordeaux, le 17 Mai 1849.

BARREYRE aîné.

Nota. — Ces lignes sont datées du 17 et le lendemain, 18, l'Assemblée nationale a décrété l'abolition de l'Impôt sur les boissons à partir du 1.ᵉʳ Janvier 1850; espérons que l'Assemblée législative prendra la même résolution relativement aux Octrois, non moins préjudiciables aux intérêts réels du Pays, soit au point de vue financier, soit au point de vue politique.

www.ingramcontent.com/pod-product-compliance
Lightning Source LLC
Chambersburg PA
CBHW062012070426
42451CB00008BA/680